AF142525

Á l'école du ravi

FSC
www.fsc.org

MIXTE

Papier issu
de sources
responsables
Paper from
responsible sources

FSC® C105338

François Darbois

Á l' école du ravi

Quand tu t'émerveilles !

©2021 François Darbois

Édition : BoD – Books on Demand
12/14 rond-point des Champs-Élysées, 75008
Paris
Impression : BoD–Books on Demand
Norderstedt, Allemagne

@ courriel : francoisdarbois@gmail.com

« Dieu, c'est quand on s'émerveille !...? »[1]

Préface

Quand les prisons de nos regards et les tombeaux de nos mots s'ouvrent, quand les barbelés de nos représentations sont arrachés, quand les regards en miroir sont brisés, alors les regards simples se lèvent, pauvres et nus. Sans appui, les mots reprennent vie ; ils se lèvent et marchent à travers les murs. Comme les vitraux d'une cathédrale de lumière, ils dansent les mille couleurs des choses et de la vie. Sur la montagne vide, par delà la grâce des mots et la lourdeur des choses, les mots deviennent silence-sonore, ténèbres-lumineuses, une infinie présence-absence. Folie humaine ou sagesse infinie? La sagesse est d'abord, disait Alain, de connaître sa folie et de l'accepter. C'est la douce folie des enfants et des simples, parfois celle des artistes, des savants et des saints qui nous invitent à vivre en poésie. La vraie richesse est d'être capable de s'émerveiller et de se laisser faire par ce vide qui ouvre le sens de la vie. Ce qui est à l'oeuvre ici, c'est nous dans ce partage de nos vies et de nos émerveillements. L'art des mots est de transfigurer la vie et nos regards et ainsi d'illuminer le monde.

---

[1] Maurice Zundel, sermon

Aquarelle de François Darbois, Queyras, Pierre Grosse, 2021

« Voir, ne plus voir,

s'abîmer dans le non voir,

revoir intérieurement.»[1]

Introduction

Je partirai du témoignage du poète Rainer Maria Rilke. Dans *Les Carnets de Malte*, Rilke décrit la source de son inspiration poétique : *« Les vers ne sont pas faits, comme les gens le croient, avec des sentiments (ceux-là, on ne les a que trop tôt) - ils sont faits d'expériences vécues. Pour écrire un seul vers, il faut avoir vu beaucoup de villes, beaucoup d'hommes et de choses, il faut connaître les bêtes, il faut sentir comment volent les oiseaux et savoir le mouvement qui fait s'ouvrir les petites fleurs au matin. Il faut pouvoir se remémorer des routes dans des contrées inconnues, des rencontres inattendues et des adieux de longtemps prévus [...] Et il n'est pas encore suffisant d'avoir des souvenirs. Il faut pouvoir les oublier, quand ils sont nombreux, et il faut avoir la grande patience d'attendre qu'ils reviennent. Car les souvenirs ne sont pas encore ce qu'il faut. Il faut d'abord qu'ils se confondent avec notre sang, avec notre regard, avec notre geste, il faut qu'ils perdent leurs noms et qu'ils ne puissent plus être*

---

[1] François Cheng, *Le dit de Tianyi*, Prix fémina 1998, Albin Michel,

discernés de nous-mêmes ; il peut alors se produire qu'au cours d'une heure très rare, le premier mot d'un vers surgisse au milieu d'eux et émane d'entre eux.[1]» Ce texte peut s'appliquer à tous les arts, à la science, aux relations humaines, mais également à l'expérience spirituelle ou mystique. Chrétiens, Juifs, Musulmans, Soufis, Hindouistes, Bouddhistes ou Taoïstes, toutes les religions ont compris que la beauté, la vérité et l'amour étaient des chemins vers la transcendance. « *Il y a un but, mais pas de chemin. Ce que nous nommons chemin n'est qu'hésitation*», écrit Franz Kafka.

Plotin[2], l'héritier de Platon et d'Héraclite l'a admirablement montré à l'époque grecque en pensant l'art comme imitation de la nature. Le Soufisme enseigne que toute création est issue d'un acte d'émerveillement, qui est surgissement de l'être. L'émerveillement est participation à l'acte créateur. Les amants, les savants et les artistes revivent à leur échelle, la joie et le bonheur de l'acte créateur et du surgissement d'un monde.

---

[1] Rainer Maria RILKE, *Les Carnets de Malte Laurids Brigge*, Paris, Gallimard, p. 36-37.
[2] Jean COCHEZ, "L'esthétique de Plotin, partie I et II", in *Revue philosophique de* Louvin, Années 1913, n° 80 , p. 431-454 et 1914, n°82, pp.165-192 ; Jérôme LAURENT, "Plotin et la beauté de Zeus", *Archives de philosophie*
Vol. 61, n ° 2 (4-6/1998), p. 251-267

Delacroix et Baudelaire affirment le primat de l'imagination dans l'art. Le sujet premier de l'art, ce n'est pas la nature, mais l'artiste lui-même, le fond de son âme, ses émotions, etc. Alain critique cette conception en posant que l'imagination est une illusion et que rien d'autre n'est donné, dans le psychisme humain, qu'un désordre des émotions. L'art est l'extériorisation, le geste de mise en ordre et de discipline de ces passions. Dès lors que nos expériences se confondent avec notre sang, et que nous les avons digérées, méditées et oubliées, elles deviennent profondes, inoubliables et véritablement spirituelles et transcendantes. Nietzsche écrit : « *Il faut apprendre que la pensée, c'est du sang. Écrire avec son sang*[1] *... car le sang est esprit.* » Un véritable artiste peint, joue de la musique, fait du théâtre ou écrit avec son sang, avec toute sa vie, avec tout ce que sa vie a de surprenant, d'étonnement, de joie et de souffrance. Pour Nietzsche, l'artiste est lui-même l'œuvre d'art. Les catégories esthétiques sont des catégories métaphysiques. La figure de Dionysos, essentielle à la tragédie, représente ce qu'il y a de terrifiant, de démesure dans la nature. La nature, que seule une vision artistique peut supporter et embellir,

---

[1] F. NIETZSCHE, « Lire et écrire », in *Ainsi parlait Zarathoustra*, première partie, trad. H. Albert, t. II, p. 312

est pouvoir de métamorphose, de devenir, de création et de destruction. L'artiste, seul homme est ce surhomme. Il est celui qui parvient à ordonner le chaos des pulsions qui l'habitent. L'esthétique est une « physiologie appliquée » Henri Maldiney va encore plus loin: «*L'histoire de l'étonnement est celui du dévoilement de l'être. ... Le destin de l'art est celui de l'étonnement où s'éveillent les transcendances!*[1] !» Raccourci saisissant et audacieux comme le titre de cet exposé. L'émerveillement certes est un pont entre beauté, vérité, amour et transcendance, entre la terre et le ciel, oui, mais un pont sur quoi ? Sur la distance infinie entre l'art et le spirituel ? Pont jeté sur l'abîme qu'il ouvre sous nos pieds. Abîme de nos peurs et de nos angoisses face à la mort, face au scandale de la souffrance et du mal. L'émerveillement n'est pas un luxe, ni même, la part des sots : mais peut-être la plus haute vocation de l'homme. Mais en attendant cet avènement, il est la source de bien de ses souffrances et de ses questionnements.

Car la connaissance, en son sommet, n'est pas accumulation de savoir, mais fraîcheur du regard. N'est-ce pas le secret de la véritable intelligence,

[1] Henri MALDINEY, *Regard, Parole, Espace*, Lausanne, L'Âge d'Homme/ amers, 1973-1994, p. 143 et 146.

celle qui est cachée aux sages et aux savants, mais donnée aux simples et aux enfants? L'émerveillement est à l'origine de toutes les grandes découvertes, de toutes les grandes créations artistiques, religieuses, littéraires ou scientifiques. De mêm eque l'amour commence par ce coup de foudre, « *tout savoir commence par l'émerveillement, par ce coup de foudre de l'admiration dont l'écho affaibli persiste encore dans le verbe s'étonner qui signifie originellement être frappé par le tonnerre.*[1]» Toute l'histoire de la philosophie, depuis les présocratiques jusqu'à Heidegger tourne autour de ce mystère de l'étonnement devant le sublime de la vie. « *Avoir l'esprit philosophique, écrit Schopenhauer, c'est être capable de s'étonner des événements habituels et des choses de tous les jours.* » Einstein disait : « *Celui qui a perdu la faculté de s'émerveiller et qui juge, c'est comme s'il était mort, son regard s'est éteint.* » Nous retrouvons chez tous les grands hommes cette illumination du regard. L'homme devient génial quand son moi ne fait plus écran entre le réel et la beauté, entre le réel et la vérité, entre le réel et l'amour. Par leurs avoirs, leurs pouvoirs ou leurs savoirs, les hommes se rendent aveugles. Pour voir la beauté

---

[1] M. ZUNDEl, "Le réalisme sacramentel de la liturgie", dans *Foi Vivante*, Revue des Carmes, Bruxelles, Avril/juin 1960, I/3, p. 1.

quand elle passe sous nos regards, comme l'aveugle de Siloé[1], il faut laver son regard de toute image et représentation ancienne. Tout homme est un aveugle qu'il faut guérir de sa cécité. Pour voir autrement, il faut se rafraîchir, se laver le regard. Notre regard est toujours marqué par notre histoire et entaché de nos peurs. L'amour véritable commence toujours par l'émerveillement d'une rencontre entre deux personnes. Avoir un regard toujours neuf ne veut pas dire être naïf, il y a émerveillement et émerveillement, celui de l'enfant n'est pas celui du vieillard ; il ne s'agit pas ici de faire l'économie de la critique, mais de savoir la dépasser, car la critique de la critique, c'est de continuer à s'émerveiller comme un enfant même si on est lucide comme un adulte, sinon on tombe vite dans l'absurde et le désespoir. Quand on ne sait pas, quand on ne sait plus, on est proche de l'infini. De là l'émerveillement de certains savants : leur savoir n'est plus de la science mais de la contemplation ou de la poésie. L'émerveillement apparaît ainsi comme l'autre face de l'absurde : si la vie n'a pas de sens et le monde non plus, cela veut dire que tout est ouvert, que rien n'est figé, que tout reste à penser et cela a du sens. S'émerveiller, c'est dépasser le rien, et

---

[1] JEAN 9, 1-12

espérer qu'au-delà du vide, il y a quelque chose plutôt que rien, et ce petit-rien n'est pas rien parce qu'il change tout. Mais rien n'est aussi fragile, car il est soumis à la loi du tout ou rien. Ne sommes-nous pas aveugles à la merveilleuse fragilité de son surgissement? Mais pour franchir ce pas, et trouver ce que l'on n'a pas encore découvert, il faut sauter dans le vide et accepter de perdre pied. Tout regard est donc exode, prise de distance entre ce qu'on voit, ce que l'on sait et ce qui est devant nous. Cette traversée n'est pas sans angoisse. « *On n'a pas attendu Heidegger pour découvrir combien cet acte fondamental est proche de l'angoisse*».[1]

Entre le choc de l'étonnement et l'émerveillement, il y a un long chemin de silence et de questionnement, d'angoisse pour se libérer de la confusion et de l'opposition entre le réel, l'imaginaire et le symbolique. Il y a un long travail de relecture, de séparation, pour voir que le réel visible n'est pas un écran qui empêche de voir, mais un écrin rempli de lumière. Le réel n'est pas un mur ni une barre qui nous bouche l'horizon, mais un sanctuaire qui nous ouvre sur l'infini. L'émerveillement est comme le Sphinx des Pyramides, *« une énigme, un mystère,*

---

[1] URS VON BALTHASAR, *Le chrétien et l'angoisse*, Paris DDB, 1954/1994, p. 114.

douloureusement irritant[1] », écrit Simone Weil. Baudelaire écrit que dans cette expérience, l'artiste se trouve sur un « *trône comme un sphinx incompris[2]* ». Pour entrer dans ce sanctuaire du réel, il faut passer devant les gardiens du seuil. Sphinx, dragons ou lions, suivant les cultures et les époques, ne représentent-ils pas l'ambiguïté du beau, qui produit à la fois l'angoisse du vide et le silence émerveillé devant ce « *je ne sais quoi*, ce « *presque-rien* » qui change tout. Depuis l'homme de Cro-Magnon, comme nous le montrent les peintures rupestres d'Altamira, de Chauvet ou de Lascaut, l'image a permis aux hommes d'exprimer ce sentiment qui est à la fois stupeur et étonnement, effroi et émerveillement, mélange d'angoisses et de joies face au mystère. Les rites et les images funéraires de toutes les religions depuis 30000 ans en sont les traces visibles. En libérant une forme, l'artiste tente d'apprivoiser la mort et donc la vie. L'art tente de percer le mur de silence qui l'entoure et d'ouvrir une porte vers le mystère. Dans ce combat entre l'absence et la présence, entre l'absurde et la grâce, l'artiste puise à la source du mystère et est épuisé par elle. Et son

---

[1] Simone WEIL, *Attente de Dieu*, 1950
[2] Ch BAUDELAIRE, *Les Fleurs du mal*, Paris, Gallimard/Pléiades, p. 21

oeuvre surgit là où il s'anéantit et s'efface. Mystérieux dévoilement où se voile celui ou celle qui en est le témoin. « *Qu'est-ce que dessiner ?* » demande Van Gogh. « *C'est l'action de se frayer un passage à travers un mur de fer invisible qui se trouve entre ce qu'on sent et ce que l'on peut.* » Mais « *la peinture n'est-elle pas faite pour démolir le mur* » comme le confiait Fernand Léger au père Couturier ? Nicolas de Staël écrit : « *L'espace pictural est un mur, mais tous les oiseaux du monde y volent librement, à toutes profondeurs.* » Dans cette semaine sainte du regard, nous avons distingué quatre étapes, le choc de l'étonnement, l'exode du regard, la leçon des ténèbres et l'être-là dans le surgissement, pour reprendre des termes de la tradition chrétienne. Exode qui permet de passer de l'esclavage des choses et des représentations à la liberté de l'esprit, quatre étapes qui se retrouvent dans la tradition chinoise *: « Voir, ne plus voir, s'abîmer dans le non voir, revoir intérieurement »*, comme l'écrit François Cheng dans *le Dit de Tianyi.*

14

La stupéfaction du « voir »

Voir est une épreuve avant d'être une preuve. S'émerveiller ne dispense pas de l'épreuve de la critique. Cette épreuve appelle des preuves, elle fait naître un désir de connaître et donc des questions. Voir, c'est se laisser blesser par la vision du réel. Les mots sont trop petits pour dire ce qu'on a entrevu. Un jour, il faut ne plus se payer de mots et cesser de prendre la grammaire pour la réalité, pour voir la force comme elle se déploie et cultiver l'indépendance d'esprit. Cette blessure ouvre une béance, elle libère des discours et des mots. Par delà les réponses, elle engendre un éternel questionnement. « *Tous ceux qui parlent des merveilles,* disait Aragon, *leur fable cache des sanglots… Les gens prennent pour des roses, la douleur dont ils sont brisés.* » Voir est un art de vivre, mais surtout un art de mourir à ses anciennes visions du monde. Comme disait Socrate: « *Qui sait si vivre, ici, n'est pas mourir? Et si mourir n'est pas vivre?* » On ne voit bien qu'en s'oubliant, qu'en se perdant de vue. Dans la forêt des signes et des symboles, les vieux chemins qui ne mènent nulle part sont les plus courts chemins vers l'essentiel. Les chemins qui mènent à la clairière de l'être ne sont-ils pas ces Holzweg, ces chemins sans-issus.

Renoncer est la condition du dépassement. Le rien est la condition de la manifestation du tout de l'être. Il faut quitter ses anciennes façons de voir pour en découvrir de nouvelles. « *L'étonnement, disait Shelling, est inséparable du vertige spéculatif où s'éprouve l'effondrement de toutes certitudes.* » De même, Nietzsche oppose l'art d'apprendre par coeur et d'exercer sa mémoire à un art de l'oubli qui permet la rencontre d'un monde de choses inédites et imprévues et qui exige de sortir d'un dispositif intellectuel puissant : il faut désapprendre à séparer le nécessaire de l'accidentel, à penser en termes de causalité, à anticiper et à voir le lointain comme présent, à calculer ses effets. En un mot, il faut apprendre à ne plus être prévisible, régulier et nécessaire pour surprendre et aller à l'essentiel. Le gai savoir suppose le courage de celui qui prend des risques contre les longues habitudes qui pétrifient et fossilisent la vie ; c'est un art de combat qui s'oppose à l'acceptation docile de la souffrance.

L'art du rien est un chemin étroit et difficile entre l'absurde du néant et la grâce de l'émerveillement. Si nous ne voyons plus la beauté du monde, si nous désespérons de tout, c'est peut-être qu'il nous faut aller voir un peu plus loin que le bout de notre nez et changer de lunettes? Car nous portons inconsciemment les lunettes de notre milieu, de notre parti ou d'une époque. Ne voir que les contradictions ne nous enferme-t-il pas dans le monde clos de la rationalité. Refuser de les voir, nous enferme dans une subjectivité close sur elle-même. En ne regardant que les oppositions ne risque-t-on pas de ne voir que la face défigurée du monde en oubliant son côté transfiguré? Pour voir le monde autrement, il faut prendre du recul, de la distance, renoncer à juger ou à prendre, à tuer ou à asservir pour être libre de servir et de se donner. Pour s'émerveiller, il faut dépasser les logiques d'inclusion et d'exclusion pour entrer dans celle du dialogue, de l'accueil de l'autre dans le respect et la distance. Mais cette logique de réconciliation des contraires et de coïncidence des opposés n'est pas encore la nôtre, même si elle est présente depuis des siècles dans le Taoïsme en Orient et dans la philosophie d'un Nicolas de Cuse[1] en Occident.

L'esprit d'émerveillement et l'esprit critique ne s'opposent pas, ils sont deux formes complémentaires de notre regard sur une seule et

---

[1] NICOLAS DE CUSE (né en 1401 à Cuse sur la Moselle en Allemagne + 11/08/1464 à Todi dans les états pontificaux), penseur, théologien . Pour Ernst Cassirer, la *docte ignorance* constitue l'une des premières formulations de l'épistémologie moderne.

même réalité. Mais ce réel est toujours au-delà de tout ce que l'on peut voir, dire ou ressentir. La foi suppose un athéisme préalable, sinon elle risque de n'être que superstition ou religiosité frileuse. De même que la solitude est une étape essentielle de l'amour, le désespoir est souvent la porte de la béatitude de l'émerveillement, comme le montre André Comte Sponville[1]. La véritable espérance est au-delà des espoirs et des désespoirs humains. *« La foi, écrivait Bernanos, c'est vingt quatre heures de doute moins une minute d'espérance. »* Nous pourrions en dire de même de l'émerveillement. Cette religion de l'émerveillement n'entre pas en concurrence avec la science. Elle se veut un autre regard sur un réel qui passe le réel observable. Foi et science s'éclairent l'une l'autre, comme deux regards sur une même réalité. Par delà les illusions et les désillusions, il y a quelque chose plutôt que rien, mais ce rien est un saut dans le vide. La fin des grandes illusions scientifiques, politiques ou économiques n'a-t-elle pas provoqué la chute des dernières étoiles qui illuminaient le ciel de notre esprit? Mais ce vide n'est-il pas en attente d'un plein, ce rien n'est-il pas l'annonce d'une aurore? Cette nuit du sens de l'existence n'est-elle pas le

---

[1] André COMTE SPONVILLE, *Traité du désespoir et de la béatitude, vivre*, tome 2, Puf/Perspectives critiques, 1988

commencement d'un lever de soleil sur un autre jour de l'homme ?

Pour Abraham Heschel, l'art et la mystique se définissent comme une même expérience de « *stupéfaction radicale.* » Le mystique et l'artiste sont littéralement bouche bée devant la beauté et l'aspect formidable des choses. « *L'émerveillement est le début de la sagesse et précède la foi.* » Einstein définit la mystique comme «*la capacité de s'abîmer dans le respect et de rester interdit d'admiration... Celui qui ne sait plus s'émerveiller, c'est comme s'il était mort, son esprit s'est éteint.* » Bachelard écrivait: « *Entre les mystiques, les musiciens et les poètes, il y a une secrète parenté : c'est dans l'amitié que les poètes ont pour les choses que nous pourrons connaître ces gerbes d'instants qui donnent valeur humaine à des actes éphémères.* » De l'émerveillement de l'artiste naît son désir de création. Dans le silence de l'émerveillement, les formes artistiques sont des tentatives pour nous faire passer du dehors au-dedans puis du dedans au transcendant, comme le disait déjà saint Bonaventure au XIIIᵉ. Mais quelle est cette réalité que l'on nomme transcendance ? Est-ce le dieu transcendant des religions, celui des philosophes ou l'Autre des psychanalystes ou simplement le dieu intérieur des mystiques ? Depuis Socrate, Platon, Spinoza, Nietzsche et

Heidegger, l'émerveillement occupe plus l'histoire de la philosophie que celle de la théologie. Simone Weil nous rappelle justement que « *le christianisme a oublié que le salut est essentiellement une question de regard … La beauté est la seule fin à rechercher ici-bas … Elle est l'éternité sur terre. La beauté du monde est la coopération de la Sagesse divine à la création. … Zeus a achevé toutes choses, dit un vers orphique, et Bacchus les a parachevées.* » *Le parachèvement, c'est la création de la beauté. Dieu a créé l'univers, et son Fils, notre frère premier-né, en a créé la beauté pour nous. La beauté du monde, c'est le sourire de tendresse du Christ pour nous à travers la matière. Il est réellement présent dans la beauté universelle. L'amour de cette beauté procède de Dieu descendu dans notre âme et va vers Dieu présent dans l'univers. C'est aussi quelque chose comme un sacrement.*[1] » Jean-Paul II rappelait en 1999 ces paroles de Vatican II : « *La beauté, comme la vérité, c'est ce qui met la joie au coeur des hommes, c'est ce fruit précieux qui résiste à l'usage du temps, qui unit les générations et les fait communier dans l'admiration*[2].» « *Puisse la beauté que vous transmettrez aux générations de demain être telle*

---

[1] Simone WEIL, *Intuitions préchrétiennes*, 1951
[2] *Message aux artistes* (8 décembre 1965), *DC* 62, 1966, col. 55, cité par JEAN-PAUL II, *Lettre aux artistes*, § 11, Vatican, 1999.

qu'elle suscite en elles l'émerveillement ! Devant le caractère sacré de la vie et de l'être humain, devant les merveilles de l'univers, l'unique attitude adéquate est celle de l'émerveillement. (...) La beauté est la clé du mystère et elle renvoie à la transcendance » [1].

Que reste-t-il aujourd'hui des civilisations et des religions anciennes sinon leurs oeuvres d'art ? Qu'allons-nous chercher sur les rives du Nil, à Constantinople, Florence ou Rome et dans les églises romanes ou les musées du monde ? Et n'est-ce pas aussi le secret des écritures et des paraboles particulièrement, comme celui de bien des grands textes mystiques hindous, taoïstes ou soufis d'être des écoles d'émerveillement ?

L'art ne prie pas, la science non plus, l'amour de même. Mais ils peuvent nous y conduire en nous plongeant muet, silencieux et émerveillé dans cet autre côté du réel. *« L'art ne rend pas le visible, il rend visible »* [2] cet invisible autre côté, l'arrière-pays de ce que nous prenons pour le réel. L'art n'est pas imitation, ni subjectivité, mais dévoilement. André Malraux écrit que *« le seul domaine où le divin soit visible est l'art, quelque nom qu'on lui donne. »* C'est le regard de l'artiste qui

---

[1] JEAN-PAUL II, *op.cit.*, § 16.
[2] P. KLEE.

rend visible ou non la transcendance au cœur de l'immanence du monde. L'art nous invite à passer du donné visible au don invisible des choses. Seul le regard de celui qui contemple une œuvre est à l'œuvre, lui seul peut laisser jaillir la transcendance. Mystère de liberté et de don ! L'attente silencieuse des œuvres d'art n'est-elle pas le signe d'un appel à traverser le pont entre ce donné et ce don ? L'art ne cherche pas simplement à représenter, mais à nous rendre présents. C'est nous qui n'en sommes pas encore là. Nous ne vivons pas toujours dans l'univers du don.

La peur du vide ou le « non voir ».

Notre regard est limité par l'horizon de nos montagnes intérieures, celles de nos peurs ou de nos égoïsmes et même de nos croyances. *« Ce qu'on sait de quelqu'un, écrit Bobin, nous empêche de le connaître. Ce qu'on dit, en croyant savoir ce qu'on dit, rend difficile de le voir. On croit voir plus que l'on ne voit. »* Comme l'écrivait un rabbin, Abraham Heschel : *« Les communautés humaines meurent de leurs certitudes. Quitter ses certitudes, c'est le plus difficile, c'est un saut dans ce vide au-delà des croyances et des incroyances. »* Malheureusement, depuis Aristote et le Néothomisme, *« le prestige de la pensée aristotélicienne était tel que le bannissement de l'infini et du zéro fut accepté sans réserve en Occident depuis vingt siècles.[1] »* Nous n'avons même retenu qu'une chose d'Aristote : *« La nature a horreur du vide[2] »* ! Heureusement depuis, « la découverte, ou plutôt l'admission du vide dans la nature est une étape décisive de l'histoire des sciences, mais la polémique agita fortement les milieux savants durant la révolution scientifique du XVIIe siècle. En 1543,

---

[1] TRIAN XUAN THUAN, *La Plénitude du vide*, Albin Michel, 2016, p. 364
[2] ARISTOTE, *Physique*, livre IV

la révolution copernicienne fait table rase de toute la pensée cosmologique d'Aristote. En 1640 à Florence, Torricelli met en évidence la pression atmosphérique en faisant une expérience hydraulique, travaux que Pascal complètera. La découverte de la pression atmosphérique vient balayer l'idée que, si l'eau monte lorsqu'elle est pompée, c'est que « la nature a horreur du vide. » Les mouvements des gaz comme des solides ou des liquides ne s'expliquent nullement par une « horreur du vide », mais par des interactions matière/matière via la lumière (énergie du vide) que l'on appelle les forces fondamentales. Sans l'énergie du vide, la matière ne peut pas interagir avec la matière ! La physique des particules et l'astrophysique[1] aujourd'hui nous montre que la matière et le ciel est 99,9% de vide et que c'est justement cette énergie du vide qui organise la matière, engendre la lumière et la vie. En fait, Aristote défendait les classes dirigeantes qui avaient horreur du vide du pouvoir politique et religieux. Il fallait donc créer un ciel plein de divinités.

Art, science et transcendance se rencontrent en ce non-lieu du vide. Quand nous surmontons

---

[1] Michel CASSÉ, « *Du vide et de la création* », l'astrophysicien

notre *horreur du vide*[1], que nous lâchons prise et que nous nous abandonnons au vide, que nous laissons le vide se faire en nous, alors la transcendance peut enfin transparaître, la lumière et l'énergie intérieures peuvent enfin jaillir. L'art n'est pas spirituel en lui-même, comme le spirituel n'est pas nécessairement artistique. Nos images pieuses ne sont pas toujours des œuvres d'art. Mais pour atteindre l'autre côté du pont qui mène à la transcendance, il faut traverser bien des précipices ; seul l'émerveillement permet de franchir ce pont.

Pourquoi est-ce si rare et si fragile ? Pourquoi cette sagesse, qui est une folie pour le plus grand nombre, est cachée aux sages et aux savants, et réservée aux petits et aux enfants, aux artistes et aux mystiques ? L'émerveillement n'est pas une simple émotion, mais une capacité de l'être. Il nous ouvre au monde, révèle heureusement notre ignorance et nous offre une forme de connaissance à la fois plus libre et plus intime.

Si, comme nous l'enseignent les trois monothéismes, Dieu est créateur et qu'il nous a créés à son image, nous avons à devenir, à sa

---

[1] Que ce vide soit religieux, intellectuel, sentimental, culturel, artistique ou spirituel

ressemblance, des créateurs de beauté, de vérité et d'amour. Le spirituel n'est la propriété d'aucune religion, pas même de celle de l'art. Le spirituel est ce qui relie des personnes à la transcendance, sans confusions ni mélanges. Il est. Ou il n'est pas. Par sa présence, il nous libère de nous-mêmes et nous universalise en nous reliant les uns avec les autres. Artiste est celui qui crée des liens et des harmonies, entre les couleurs, entre les sons, les mots et les personnes. « *Cherchez les notes qui s'aiment* », disait le petit Mozart.

Si l'art bien souvent nous déroute, c'est bien qu'il nous invite à changer de route, à passer de l'autre côté, du figuratif à l'abstrait, et derrière ces querelles de représentations, l'invitation secrète n'est-elle pas toujours de passer du visible à l'invisible et donc de l'absence à la présence ? Avant de nous faire le don de l'émerveillement, l'art ne conduit-il pas aussi au questionnement et à l'angoisse devant ce qui est radicalement autre ? Avant de nous faire le don d'une transcendance que certains nommeront « le Très Beau », Dieu, ou l'un des attributs d'*Adonaï, Christ, ou Allah*, l'art contemporain ne nous donne-t-il pas plus souvent le vertige ?

« s'abîmer dans le non voir ».

La leçon des ténèbres

Sur ce pont qu'est l'émerveillement, l'artiste oscille bien souvent entre l'idolâtrie et l'extase, l'angoisse et la joie. Mais, le plus souvent, il est plongé dans la nuit, cet *inconnu nocturne* dont parle Rimbaud. L'artiste, comme tous les mystiques, traverse cette triple nuit des sens, du désir et du sens, triple nuit du corps, de l'âme et de l'esprit[1]. Rilke écrit : « *Vous devez donner naissance à vos images. Elles représentent l'avenir à naître... N'ayez pas peur des sentiments que vous éprouvez. L'avenir doit entrer en vous bien avant de se produire... Attendez simplement sa naissance...L'heure de la nouvelle clarté.* »[2] Attendre apprend à désirer et à purifier nos désirs. L'attente augmente notre capacité à désirer et donc à recevoir. À travers les images et les discours, à travers les notes et les rythmes, les couleurs et le dessin, s'opère cette transmutation du désir. Nos sens cherchent à

---

[1] JEAN DE LA CROIX, *La nuit obscure*, Œuvres complètes, Paris, Cerf, 1990.
[2] RAINER MARIA RILKE, *Lettre à un jeune poète*, Paris, Gallimard, 1993, n°3

saisir le réel pour mieux l'apprivoiser, alors qu'il nous faut lâcher prise. Nos sens nous rendent idolâtres et esclaves de nos représentations, de ce que nous croyons saisir **en** le nommant comme soi-disant le réel. Les objets de nos désirs sont des illusions.

Le désir ne peut se satisfaire que de l'infini. Mais cette heureuse nuit est celle de notre libération de nos esclavages, corporels, affectifs et intellectuels. L'Égypte intérieure est une réalité vivante en chacun d'entre nous. L'art nous appelle à cet exode du désir et à traverser le vide du non-désir, la mer où nos désirs se noient et le désert où le désir grandit et ne peut s'arrêter sur rien, avant d'entrer dans cette terre promise de l'émerveillement. Dans la nudité des sentiments, des images et des discours, s'opèrent cette libération du désir et cette transmutation du fini en infini.

Nous regardons sans voir, enfermés dans nos images et notre culture, dans les prisons de nos représentations, comme si la nature et les autres n'avaient plus rien à nous dire. Le regard idolâtrique est arrêté par ce qu'il voit. Il en a plein les yeux. Il ne peut donc aller au-delà du déjà vu. La connaissance idolâtrique a l'intelligence arrêtée par ce qu'elle sait. L'affectivité idolâtrique a le cœur arrêté par ce qu'elle aime. La religiosité idolâtrique a la foi arrêtée par ce qu'elle croit.

Dans chaque domaine, les objets de la connaissance sont pris pour le réel. Or le Réel passe infiniment le réel, celui que l'on voit, celui que l'on maîtrise par son savoir, celui que l'on aime et surtout par ce à quoi l'on croit. Le Réel, dans sa profondeur, ne peut être que de l'ordre de la surprise et de la rencontre. Voir, savoir, aimer ou croire ne sont pas des buts en eux-mêmes, mais seulement des étapes dans la connaissance du réel. Il ne faut jamais s'arrêter en chemin. En ce lieu, il n'y a plus de chemin, sinon celui que chacun trace en marchant.

Le chemin vers la véritable connaissance conduit à une nouvelle naissance, où « *l'homme passe l'homme* », comme l'écrivait Pascal. La connaissance n'est pas seulement quelque chose à acquérir, mais quelqu'un à rencontrer. S'arrêter aux choses et aux mots, c'est perdre le sens de sa recherche et oublier le chemin et son but. Au lieu de toujours vouloir dominer et analyser les choses, ne faut-il pas changer de regard sur ce réel, si proche et pourtant si lointain ? Au lieu de toujours vouloir dévisager les choses et les êtres pour mieux les figurer, leur coller une image, un titre et donc les défigurer, les maîtriser. Pour mieux les analyser et les synthétiser, ne faut-il pas plutôt les envisager et donc leur donner un visage et les transfigurer ? La finalité de la critique n'est-elle pas dans son abandon. La finalité est cette transmutation du regard par la transformation de l'étonnement, en questionnement, et de questions en question toujours sans réponse, en silence… puis en émerveillement devant un réel qui restera toujours ouvert ? Il ne faut donc jamais rester devant toujours entrer dedans, dit et redit Tal Coat. Henri Le Saux écrit que c'est « *quand toi, tu t'émerveilles, que sont la vraie connaissance et la seule paix.* » C'est à chacun d'entrer dedans, d'attendre encore et toujours, d'accueillir ce qui vient. Le réel ne peut se connaître par les discours ni dans les livres. Saint Bernard répétait à ses moines : « *Les arbres et les rochers t'en apprendront beaucoup plus que toutes les bibliothèques et les universités.* » Il nous faut donc apprendre à contempler ce Réel, non pour produire de nouveau discours, mais pour recevoir ce « nouveau regard » et entrer soi-même dans ce divin jeu, se laisser transformer et transfigurer par lui.

Si l'artiste éprouve le besoin de faire de l'obscurité sa demeure, c'est que seules la nuit et l'épaisseur de la matière brute lui permettent d'enfanter cette lumière. La nuit est subterfuge pour nous ouvrir les yeux, sur ce qui reste irrévélé tant qu'on l'éclaire. La source de son inspiration et sa respiration sont ce contact avec une matière vierge et mystérieuse qui est le chemin vers la source cachée et la matrice où s'enfante la lumière. L'artiste, lui, est toujours aveugle. L'art est un don de l'avenir, mais l'artiste entre dans l'à-venir les yeux bandés. C'est de nuit qu'il ouvre la porte à ce qu'il ne voit pas encore, mais qui est déjà présent, et dont il porte l'intuition et la nostalgie. C'est là le moteur de sa vocation et de tout son travail. C'est de nuit qu'il voit ce qui est déjà là, mais qui n'est pas encore totalement manifesté. Cela vient en lui, mais il sait que ce n'est pas totalement lui. Cela lui est donné. Comme un papillon nocturne, il est attiré par la lumière. Cette source cachée vient d'au-delà de lui, toujours inoubliable et inespérée, comme une lumineuse-ténèbre qui vient emplir sa nuit. Artiste, alors est celui qui, dans l'épaisseur de cette matière close de toute part, ouvre une percée vers l'être. Son art est passage du dehors au dedans, immersion dans le vide et le silence, attente et transmutation du regard, communion entre le visible et l'invisible. Dans l'épaisseur de la nuit et la nudité d'une matière brute, sans représentations, par delà les sentiments et les idées, il attend. Douloureuse nuit qui enfante une lumière qui surgit comme une aube, toujours inoubliable et inespérée ! Ni montrer, ni démontrer, mais ouvrir le Rien.

Attendre et naître à la présence. Être délivré, désirer et venir dans l'Ouvert!

«Dans l'art nu, ouvrir le rien[1].»

Après le choc des philosophies orientales et la réaction nihiliste du XIXe siècle, n'est-il pas l'heure de comprendre autrement et de manière positive, les concepts de "vacuité" et de "vide", qui ne conduisent pas uniquement au néant, mais à la plénitude de l'être? L'espace vide, le temps vide, le silence entre deux notes, ne sont-ils pas essentiel et la condition d'une respiration des êtres et des choses? Le vide n'ouvre-t-il pas alors sur la distance, celle de l'entre-deux, sur la rencontre possible dans l'union des contraires et le respect des différences. La création *"ex-nihilo"*, ne dit-elle pas également en Occident, tout le positif de ce *"vide créateur"*? Il est le lieu et la condition de toute véritable création. Cet événement n'est-il pas aussi avènement, une venue prévenante, toujours advenante et surprenante? Jaillissement sans reprise ni retour sur aucun sujet ni objet, lumière qui surgit dans „*l'entre nous*". Rien ne peut retenir, ni enfermer la source cachée qui coule ici-maintenant. « *La*

---

[1] Henri MALDINEY, *Ouvrir le rien, l'art nu*, Fougères, Encres marines,

beauté est toujours un advenir, un avènement, une épiphanie, un apparaître là.[1] »

Avant d'enfanter cette lumière, tout véritable artiste est plongé dans la ténèbre. Delacroix parle de « *lumière, que te voilà menacée ! Tu n'es déjà plus que le milieu où lancer ce pont jeté entre les âmes.* » Nous comprenons alors pourquoi Braque nous rappelle que « *la beauté est une blessure devenue lumière* » et qu'Aragon nous dit que « *tous ceux qui parlent des merveilles, leur fable cache bien des sanglots. Les gens prennent pour des roses la douleur dont ils sont brisés.* L'icône d'un visage en larmes est aussi celle d'un dieu voilé » et « *nos* larmes ne sont-elles pas aussi calligraphie de l'âme », dévoilement de sa présence ? Un maître soufi écrit : « *La Vérité n'est pas voilée, ce sont tes yeux qui portent un voile.* » C'est quand nous pleurons vraiment, des larmes de sang et de vie que l'invisible se dévoile sous nos yeux émerveillés. L'éloquence de nos pleurs s'inscrit sur nos visages en incarnant le mystère. L'icône d'un visage en larmes devient celle d'un dieu voilé. L'histoire de l'art ne serait-elle pas d'abord une histoire de douloureux enfantements, de larmes et d'une joie qui parfois fait pleurer ? Rappelons-

---

[1] François CHENG, *Cinq méditations sur la beauté*, Paris, Le Livre de Poche, 2006-2008

nous les *Requiem* de Mozart, les *Lamentations de Jérémie*, les *Leçons de ténèbres* de Couperin, Victoria, Haydn, et de combien d'autres grands musiciens....« *Le peintre assis devant sa toile a-t-il jamais peint ce qu'il voit. Ce qu'il voit, son histoire voile. Et ses ténèbres sont étoiles. Comme chanter change la voix* », écrit encore Aragon.

Mais pour bien voir dans l'abîme qui, là dans l'ici-maintenant, se voile et se dévoile, il faut bien discerner l'idole de l'icône. Tension entre les « dits » des images, leurs symboles et leurs interdits, l'art est cette ultime *lectio divina* d'un réel qui reste la source inépuisable de la contemplation et de l'action, et donc de l'inspiration des artistes. Berdiaev comme Zundel ont été attentifs aux pratiques et aux « *exercices spirituels* » des philosophies anciennes, et particulièrement à ceux du stoïcisme romain et monastique. L'art d'interpréter les textes, un paysage ou la musique, se situe toujours dans les marges. Sur la limite du voir et de l'entendre, il tente l'impossible : vouloir dire l'indicible ou vouloir montrer l'invisible. Et tous nos interdits sur les représentations ne font que traduire nos peurs face à cette ambiguïté de l'art face au mystère. Nos querelles iconoclastes sur le figuratif et le non-figuratif n'en sont-elles pas la trace ? Nos peurs des images, des photos, des reproductions de concerts, du cinéma et surtout du théâtre ne sont-elles pas le signe d'un manque de lâcher-prise. Certes, le spectacle, la parole et la musique vivante sont incomparables, elles nous plongent dans l'ici de la transcendance et donc dans *l'effroi du beau*, comme écrit Jean Luc Marion. Mais pourquoi cette peur d'enfermer la vie dans quelques traces dématérialisées ? N'est-ce pas simplement un manque de détachement et une peur de la mort. Et pourtant, ces écrits, ces livres, ces films et ces enregistrements, permettent de transmettre cette vie que les artistes, les amoureux et les savants de tous les temps ont ressentie, vécue et tenter de partager avec les autres. L'art peut transmettre l'impossible par-delà nos traditions et nos cultures. Par-delà la mort et la vie, il incarne et transcende une époque. Il transmet des valeurs, il transmet l'intransmissible, un esprit, une présence, une vie. Accepter ce jeu, c'est entrer dans le mystère de toute création. Jeu de relation et de hasard, il cherche à travers l'harmonie des images, des couleurs, des notes ou des mots, ce vide créateur qui est la porte étroite de l'émerveillement. Ce jeu créateur n'est-il pas le secret divin, ou plutôt, comme Dante nous le suggère, la divine comédie du visible et de l'invisible qui nous plonge dans l'enfer de l'Hadès qui signifie *a-deis* ou *non-voir*. Or n'est-ce pas là une divine pédagogie, qui nous initie au mystère de la lumière invisible et du silence-sonore. Jeu de mort et de résurrection, où nos pauvres mots et nos images font leur temps. Un jour, ces expressions artistiques disparaissent pour renaître autrement de générations et générations.

Pour libérer le dialogue avec les autres ou fraterniser avec les choses, il faut prendre non pas le chemin des on-dit, mais du non-dit, du non-vu, du non-entendu. «*Va là où tu ne peux ; vois où tu ne vois pas. Écoute où rien ne bruit ; tu es où un Autre parle*», écrit Angélus Silésius, dans le pèlerin chérubinique : «*Si je renonce au monde, écrit un philosophe taoïste, je peux m'élever porté sur le dos de l'oiseau de ma conscience et aller au-delà dans l'espace errer au village de Nulle part et établir ma demeure dans le pays étendu du Vide. Soyez vide. Voilà tout! L'homme parfait se sert de son esprit comme d'un miroir où se reflète l'éternité.* » Ce coup terrible du néant nous fait perdre, non seulement le sens de l'espace et du temps, mais aussi ses représentations, et surtout notre propre identité. «*Nous y perdons notre ici. Nous n'avons plus de lieu. Nous avons plus lieu.*»[1] L'identité du sujet est

---

[1] H. MALDINEY, *Regard Parole, espace*, p. 143.

remise en question. « *C'est par cette mort vécue dans l'instant que nous pouvons accéder à l'invisible[1].* » Ce vide est la matrice où l'homme devient un *"néant capable de Dieu"*, suivant cette belle expression du Cardinal de Bérulle.

[1] Jean SULIVAN, *Matinales*, Paris, Gallimard, p. 178.

L'attente: ... un appel à venir

L'art, en ouvrant l'entre-deux, nous rend présents à ce présent de la présence. Il opère ce miracle de nous ouvrir les yeux. Il opère en nous cette longue transmutation du donné en don. Le sens d'un tel art n'est pas en lui-même, mais dans le don qu'il nous fait de nous-mêmes à nous-mêmes. Par delà tous les sens abandonnés en chemin, le sens du sens c'est nous. C'est notre présence suscitée à venir : « *nous sommes le sens, écrit Jean Luc Nancy, dans le partage de nos vies.*» Les choses ne sont rien, l'important, c'est nous dans le „Ah!" partagé devant le surgissement des choses. Si le réel passe le réel, c'est parce que, ce réel, c'est nous dans notre présence au monde partagée. Le réel est dans ce "nous" donné et abandonné dans l'écart de la mise à distance des choses. C'est dans cet écart et en écho entre les choses et nos présences rassemblées que se constitue la communauté du sens et ce lien qui fait corps et incarne le sens d'une époque et d'un lieu. L'art, la science ou l'amour sont des lieux d'exode, de passage et du partage, lieu de la transmission, celui d'une expérience d'émerveillement. Ce que nous avons à transmettre, ce ne sont pas des choses, mais nous-mêmes, dans nos présences partagées. L'art nous plonge dans ce *"nuage d'inconnaissance"*, où nous communions ensemble au même éblouissement. C'est dans ce jeu qu'il nous introduit et l'enjeu est une communauté de *je*, distincts et unis. Art et liturgie s'unissent ici pour ouvrir le sens de la vie. Ce jeu est manifestation de l'être ensemble. Il expose le «*il y a quelque chose plutôt que rien*», il y a même plus que quelque chose ! Il y a ce *presque rien* dont parle Jankélévitch. Il y a un mystère, celui d'un entre-deux qui se donne là : dans l'Ouvert. Il y a dévoilement d'une relation, d'une altérité intersubjective, qui n'est pas ailleurs que dans la mise en présence ici-main-tenant. Ce qui ne cesse de venir et d'advenir est toujours déjà là et nous appelle à venir. Ce divin jeu suscite et re-suscite notre être ensemble. Art eucharistique qui ouvre à l'unique présence d'un Réel par delà, mais au cœur même de toutes nos représentations.

Dans l'absolue nudité des représentations, des sentiments, des figurations comme des abstractions, l'art est cet événement - avènement unique et personnel de l'esprit au creux d'une matière, où surgit une lumière, toujours déjà là, mais c'est nous qui n'étions pas là. L'art nous rend présents, il nous donne de la voir. Ce n'est plus nous qui regardons les choses, mais que ce sont elles qui nous regardent. Tout le miracle est là, dans cet admirable échange et cette communion. Dans l'événement d'un regard surgit l'au-delà au-dedans des choses. Une altérité advient, dans l'intériorité d'une nature mise à nue par la main caressante de l'artiste. Sous le regard pauvre de l'artiste la matière se dénude et s'ouvre. Elle devient passage du dehors au dedans, matrice où s'enfante l'œuvre et l'homme. Comme on pétrit la pâte pour faire du pain, la main de l'artiste pétrit la matière pour en extraire la lumière. À travers les apparences visibles, l'œil de l'artiste écoute et perçoit cette sonorité d'être dans le silence des choses, son œil écoute la musique silencieuse qui chante à travers toutes choses. Le regard de l'artiste ouvre l'aube d'une nouvelle réalité. Dans l'épaisseur aveugle des choses, son regard met au jour une lumière jusqu'alors invisible, qui surgit en s'imposant comme le sentiment d'une invisible présence qui éclaire toutes choses.

Ouvrir l'entre-deux, ce n'est pas fuir vers le ciel d'une abstraction qui défigure la réalité, mais s'enfoncer dans l'épaisseur d'une matière à ensemencer et à laisser germer pour la transfigurer par la présence d'une parole qui transparaît plus qu'elle n'apparaît. L'œuvre devient alors lieu de communion entre la matière et l'esprit, par delà les constructions et les déconstructions entre le concret et l'abstrait. Un vrai créateur actualise notre présence, il nous met à l'école du regard simple; au lieu de dévisager et de juger toutes choses, de les saisir avec nos mains et surtout nos esprits, la véritable œuvre de l'artiste est de nous dénuder et de nous faire lâcher prise, pour nous laisser nous émerveiller de l'au-delà du visible. Dans cette épiphanie de l'œuvre, nous avons accès à ce qui est, par delà tout ce qui existe. Mais cette connaissance ne peut se laisser saisir ou enfermer par nos discours. Elle nous surprendra toujours, en nous déprenant de nous-mêmes.

En art comme en amour, ce qui n'est pas donné est perdu. Ce qui n'ouvre pas est à jamais fermé. Ce qui n'appelle pas à venir sur le chemin du rien ne peut que conduire à la totalité close. Tout ce qui n'invite pas au passage du dehors au dedans et du dedans au transcendant, ne peut que conduire au néant. Tout ce qui n'ouvre pas au partage et à la rencontre ne peut qu'enfermer et finit par exclure. La beauté implique une rencontre de laquelle « *naît quelque chose d'autre, une révélation, une transfiguration, tel un tableau de Cézanne né de la*

rencontre du peintre avec la Sainte Victoire.[1] »
L'œuvre est à la fois déchirure de la matière et de
l'homme qui la contemple. L'artiste est là, donné
et abandonné jusqu'au bout de lui-même, dans
l'attente de l'avènement de l'oeuvre. Dans toute
véritable création, comme au septième jour de la
genèse, le créateur se retire pour que l'autre
advienne. L'art consiste à laisser jouer l'écart,
l'intervalle ouvert qui l'articule en tant que
symbole. Art de la distance et des liaisons toujours
ouvertes et jamais fermées dans cet entre-deux.
Cet espace vide nous libère de toute utilisation de
l'art et de ses risques d'idolâtrie. L'art, alors, n'est
plus au service d'aucune idéologie politique,
morale ou religieuse. L'art s'offre à nous dans sa
nudité, comme ouverture du sens de l'existence et
de notre être au monde, dans l'écart singulier et
pluriel de ses expressions. L'art comme la
philosophie n'est plus la servante d'une théologie
ou d'une politique, mais il acquiert le droit à une
existence autonome, une façon propre d'être au
monde. L'art comme la science nous libèrent de
l'esclavage. Avec eux, la personne advient dans
l'abîme qu'ils ouvrent en nous.

---

[1] François CHENG, *Cinq méditations sur la beauté*, p77

Le réel n'est pas ce qui nous est donné dans un en-face sans distance et que l'on peut saisir. Il n'est pas de l'ordre de l'attendu. Comme l'écrit Louis Lavelle, « *il y a des esprits qui demeurent toujours spectateurs, qui se réservent toujours et n'entreront jamais dans le jeu. La passion ne les visite jamais.*[1] » Si nous ne voyons plus rien, cela ne signifie pas qu'il n'y a plus rien derrière ce rien. Ce rien n'était souvent que le chemin et la porte cachée, le passage qui recouvre la vraie lumière? Ce rien n'est-il pas le lieu ou plutôt le non-lieu de cette transmutation de nos regards. Ce rien est en un premier temps la condition de la guérison de toute idolâtrie du visible et même de l'imagination, à la fois purification et guérison des images et des symboles. Ce Rien ferme la porte aux illusions et l'ouvre sur la sublime allusion de l'être. « *Quand l'inattendu se produit, il se découvre toujours déjà là.*»[2] Mais c'est nous qui n'étions pas là, dans l'ici-attentif de son surgissement. Comme l'écrit Martin Heidegger: « *La présence efficace, quelle qu'elle soit, se tient dans la pure éclaircie du vide ou du Rien, lequel n'est pas un nihil négativum. Le vide n'est pas l'évacuation du monde, le Rien n'est pas l'anéantissement, mais la condition qui en rend possible*

---

[1] H. MALDINEY, *Regard, parole, espace*, p. 143.
[2] Martin HEIDEGGER, *Was der Métaphysik*, 1929, p. 34.

la manifestation[1].» Par delà la subjectivité et l'objectivité des regards et des discours, il y a un autre pays, la terre promise de l'intersubjectivité. Ce rien est la clé qui ouvre la porte sur cet arrière pays des senteurs, des goûts, celui des souvenirs de notre enfance et du royaume de l'enfance. Consentir au vide, c'est renoncer à la saisie conquérante et agressive pour s'ouvrir à la réalité qui se donne.

La finalité d'un regard, ce n'est pas de se regarder soi-même, ni de juger ou d'être fasciné par l'autre, mais de se laisser transformer soi-même dans la confrontation avec le mystère du réel. On ne voit bien qu'en respectant la distance nécessaire au dialogue et à l'écoute, à la naissance d'une relation transformante. Entre soi-même et l'autre, il y a un vide créateur, un abîme, une distance infinie entre ce que je vois, ce que je sais et ce qui est. Ce qui apparaît à la surface m'attire vers un fond sans fond où quelque chose veut naître. Nous sommes devant un abîme humain infranchissable. Mais cet abîme humain n'appelle-t-il pas un autre abîme? Par delà tous les possibles, l'impossible est là en train de naître. « *La grâce comble, écrit Simone Weil, mais elle ne peut entrer que*

---

[1] Simone WEIL, *La pesanteur et la grâce*, Paris, Plon, 1948, p. 20.

là où il y a un vide pour la recevoir, et c'est elle qui fait ce vide. »[1]

Ce vide n'ouvre-t-il pas l'espace d'un jeu créateur, « l'entre-nous ». Cet «entre-deux» n'est pas une partie qui se joue à deux, mais à trois. Par delà la fascination ou l'opposition, par delà l'esclavage et la guerre des regards, il y a une issue libératrice, il y a un troisième terme à la fois singulier et pluriel. Jouer et jouir, c'est être joué et ouïr autre chose que la chose et ses représentations. Ce jeu est la source de toute création, il engendre le désir. *«Plus l'être est conscient, plus ce désir se complexifie, désir de soi, désir de l'autre, désir de transformation dans le sens d'une tranfiguration, et d'une certaine manière plus mystique, un autre désir, celui de rejoindre le Désir originel dont l'univers semble procéder.*[2]*»* Quand le monde cesse d'être visible et représentable, quand le sujet devient aveugle, alors il s'oublie et cesse de tout rapporter à sa volonté de puissance, alors il peut enfin percevoir cette présence singulière et plurielle. L'enjeu ici est à la fois de devenir soi et de l'advenir d'un troisième dans l'entre nous. En fait, comme le reprendra Paul Ricoeur dans « *Soi-même comme un autre* ». Il y a de l'Autre qui advient

---

[1] François CHENG, *Cinq méditations sur la beauté,*
[2] Jean ONIMUS, *La béance du divin,* PUF, p. 78.

dans l'événement d'un regard et qui nous ouvre à l'universel. Si l'étonnement nous coupe le souffle, c'est qu'il nous coupe en deux, il sépare le moi du je, il nous plonge dans un vide qui ouvre l'espace d'un troisième où comme disait Rimbaud: « *Je est un Autre* ». Entre le Je et l'Autre, il y a le souffle de l'un et de l'être ensemble. Si les choses et les êtres nous regardent, si leur beauté ou leur laideur nous appellent et parfois nous blessent, c'est qu'elles attendent une réponse, un jugement ou une louange personnelle et communautaire ; c'est toujours une parole partagée, même si elle se dit surtout dans le silence.

L'ultime travail à accomplir, en ce lieu de l'entre nous, n'est-il pas de laisser l'espace et le temps faire son œuvre, de poser et d'ouvrir la dualité, et de laisser « le Gange couler » entre ces deux rives? Le monde attend des choses, des images ou des idées, alors que l'essentiel, ici, est le vide, l'attente silencieuse dans l'espace libre, l'ouverture au non-dit dans l'entre-deux du dit. L'essentiel ici n'est-il pas de se taire et de contempler ce qui se vit là ! L'unique oeuvre, en ce temps déjà en dehors du temps et en ce lieu du non-lieu, n'est-il donc pas l'œuvre dernière d'une vie, l'ouvre c'est nous. Au fond de ce silence partagé. Ce vide coupe l'ultime différence entre celui qui cherche et celui qui est cherché. S'enfoncer dans la nuit du mystère et laisser advenir ce qui advient, attendre dans l'attention au présent de la présence, n'est-ce pas laisser faire le silence entre les notes et les mots, l'espace blanc entre les couleurs, le silence de l'imagination et de la pensée, du discours et des images? Le silence est la respiration de l'être. Ici souffle l'esprit ; la parole advient et naît de ce vide créateur. N'est-ce pas là dans cet entre-deux, vide de tout mot et de toute image, la seule véritable connaissance, qui est en fait une inconnaissance et la source de toute paix? L'homme, ici, ne rencontre les autres en vérité et ne peut se rencontrer lui-même, que s'il rencontre cet abîme infini dans l'entre deux, qui sépare le Je, le Tu et la matière. Le peintre alors devient aveugle et le poète muet. Devant le mystère d'un monde ouvert, ils ne peuvent qu'être déchirés. Être au monde, c'est toujours se laisser consumer par ce rien habité par le frémissement son passage.

Revoir intérieurement

De l'idole à l'icône

« *Art et religion ne puisent-ils pas ici à la même source ? L'expérience esthétique n'est-elle pas la trace d'une obscure rencontre entre l'homme et le divin ? Les Chinois comparent un artiste à une abeille aveugle. Elle devine la présence de la fleur ; elle tourne désespérément autour. Elle le sait : il y a là quelque chose d'essentiel qui, à la fois, s'offre et se retire. C'est un besoin analogue qui inspire l'artiste et exaspère parfois son impatience.* »[1] Quelque chose ou quelqu'un nous fait signe et nous appelle ? Renoncer à répondre à cet appel n'est-ce pas renoncer à être et rester dans l'avoir, le savoir ou le pouvoir, ceux de nos certitudes et de nos façons de voir ? L'art est subversif. Il nous éveille et nous invite à lâcher prise, à passer du sensible au spirituel, de l'immanence à la transcendance. Le spirituel dans l'art n'est ni dans le comment, ni dans le pourquoi des choses, mais dans leur surgissement. Le seul mystère de l'art c'est qu'il soit là. Mais c'est nous qui en général n'en sommes pas là, enfermés dans nos habitudes

---

[1] F. DOSTOÏEVSKI, *L'Idiot*, P. III, ch. V.

de voir et de penser. L'art est appel ; appel à être
là, dans l'ici attentif ; être là au présent qui ne cesse
de se donner. Le spirituel dans l'art est dans cette
mystérieuse présence où l'art nous donne de communier ensemble à la même intuition de la transcendance du monde. L'art est invitation à traverser le pont, entre le fini et l'infini, entre le présent
et la présence ; il nous invite à passer de l'autre
bord, sur le versant de la transcendance. Il est à la
fois libération et transformation, non seulement de
l'objet artistique, mais du sujet de l'artiste ou du
spectateur. L'art est lieu de passage entre la matière et l'esprit, passage du dehors au-dedans et du
dedans au transcendant. Il « rend visible » l'invisible transcendance des choses, des sons et des
couleurs. Un tableau ne cherche pas simplement à
rappeler un paysage ou un visage, mais il est essentiellement appel à y entrer. On ne regarde pas
un tableau, on y pénètre. « *Jamais devant, toujours dedans* ! » nous répète Tal Coat. On n'écoute
pas une musique en faisant autre chose, on ne
reste pas extérieur, on n'est pas ailleurs, sinon ce
n'est plus de la musique vivante, cela reste des
sons qui ne suscitent plus aucune vie, qui ne res-
suscitent plus l'expérience qui l'a engendrée. L'art
alors n'est plus une simple imitation de la nature,
il est révélation et apprivoisement de son mystère,

il est dévoilement et accomplissement de l'être. Il change notre regard et éveille la communion entre l'homme et la transcendance. L'art produit en nous ce saut métaphysique, entre les objets et la transcendance des sujets qui l'ont produit ou qui le contemplent. C'est en ce sens que Maître Eckhart écrit : « *Voici en quoi consiste le salut : lorsque nous nous émerveillons des beautés de la création et que nous louons leur magnifique Créateur.* » Maurice Zundel aura cette formule inattendue et surprenante : « *Dieu, c'est quand on s'émerveille !* » L'art est bien un lieu de salut pour l'humanité. Il est ce lieu où la nature défigurée retrouve son vrai visage et sa pleine lumière, celle de la transfiguration, ultime passage de l'idole à l'icône.

Le berceau du regard

La naissance de la parole

« *Tu voyages beaucoup, écrivait Silésius, tu es à l'affût de tout; si tu n'as pas croisé le regard de Dieu, tu n'as rien vu.* » Où croiser ce divin regard, me direz-vous, sinon à la croisée du visible et de l'invisible, dans l'entre-deux de son surgissement ? Et si ce divin était caché derrière ce voile du "rien", à la limite, dans les marges du "presque rien[1]". Si l'enjeu de ce jeu était l'avènement de ce Tout-Autre. Être sans distance et sans jeu, c'est être sans ouverture ni relation aux autres. Si la béance des choses, des mots, des notes, des couleurs ouvrait l'espace au chant, au tableau ou au poème, c'est-à-dire à la parole vivante... Tout est question de regard, d'écoute, d'attention. Comme le dit Blanchot : « *L'extraordinaire commence à l'instant où je m'arrête.* » L'extraordinaire gît dans l'ordinaire : il suffit d'être patient, " *d'observer, de contempler, pour que s'ouvre un processus d'extraction d'un je-ne-sais-quoi de singulier, d'étonnant, voire de merveilleux, à partir de quelque chose tout à fait banal.*[2]"

---

[1] Pierre HADOT, *Plotin ou la simplicité du regard*, Folio, p. 67
[2] Sylvie Germain,

L'art est alors de l'ordre du secret. Secret de la vie, qui est un mystère à la fois étonnant et surprenant, splendide et angoissant. Il ne peut que se vivre et se célébrer. Baudelaire témoigne : « *Tout enfant, j'ai senti dans mon cœur deux sentiments contradictoires: l'horreur de la vie et l'extase de la vie.*»[1] Face à l'effroi devant le surgissement de la vie, entre l'angoisse et l'émerveillement, il n'est que le chant pour célébrer la vie ou la mort. Face au sacré de la vie, "l'Ouvert" nous donne de rencontrer celui qui est, à la fois si proche et si lointain, si présent et pourtant inaccessible. L'œuvre surgit toujours comme un dévoilement, une surprise, comme un cri de délivrance „ *Voici l'œuvre! Ecce Arte et homo! „Tout est accompli*" : L'œuvre et l'artiste unis et crucifiés sur la croix des représentations. Art nu, œuvre ouverte sur l'humain et le divin, par delà toutes les figurations et défigurations, elle rayonne cette douce lumière de la transfiguration. « *Ici les éléments retrouvent leurs voix. Pierres, rochers, sable, vent, feu du soleil et neige d'étoiles glacées dans la nuit, tout parle. Et la clarté de leur évocation est telle qu'aucune excitation ne vient brouiller les paroles.*" Communication totale de l'humain et du divin dans l'entre-deux ouvert par la déchirure du Rien. « *La vie est présence totale,*

---

[1] LAO TSEU, *Tao Té King*, chap. 4

parce qu'elle est une force simple et infinie qui se diffuse en une continuité dynamique. Plotin saisit la Vie, du dedans, comme un mouvement pur, qui est partout, sans s'arrêter nulle part, qui est „déjà là", ayant toutes les formes particulières qu'il engendre sans s'arrêter en elles· » Mystère où le divin advient lorsque l'art s'absente» ou inversement, « *l'art advient là, où Dieu s'absente*», comme l'écrivait Jean Luc Nancy. Art du retrait mutuel, où le regard vers l'autre devient présence intérieure. Le regard est source de vie et fontaine de lumière Vierge, il virginise tout ce qu'il touche, tout ce qu'il contemple et enfante le divin dans l'humain.

L'art est une annonciation qui s'accomplit dans l'assomption de la matière vers l'esprit et la parole. «*La parole serait née mille fois à Bethléem*, écrivait encore Angélus Silésius, *si elle ne naît pas en toi aujourd'hui, cela ne te sert de rien*». Mais comment trouver ce lieu où une parole vraie peut encore naître aujourd'hui? Nulle part, sinon en suivant l'étoile du Rien, du presque rien. Ce chemin est celui des pauvres d'esprit, des doux, des hommes de désir des coeurs purs et de ceux qui ont faim et soif de justesse de coeur et de justice. Ces bonnes attitudes sont-elles toujours données aux regards innocents et simples des enfants, des poètes et des artistes? Il semble qu'elles soient cachées aux sages et aux savants, comme nous les présente Jésus dans le sermon sur la montagne d'après les évangiles de Luc(6,20-26) et Matthieu (5,3-12). Leur savoir les rend aveugles. Leur pouvoir et leurs avoirs les empêchent d'être libres et assez pauvres pour accueillir ce non-savoir, ce non-voir, cette désappropriation et cette disponibilité essentielle à l'accueil de la transcendance. Ils savent tout, alors ils ne peuvent plus rien découvrir. Ils ont tout ou ils en ont l'illusion, alors ils n'ont plus besoin de rien, plus de désir, plus faim et soif de justice... et c'est là la vraie question, ils n'ont plus le désir de ce presque rien, de cette transcendance au quotidien qui change tout. Nos visions et nos représentations du monde peuvent-elles simplement descendre du ciel de nos abstractions, pour prendre chair aujourd'hui, sinon en descendant des arbres et des rochers, comme nous le rappellent si justement Saint Bernard.

Ce visible, sans la présence des mots, devient vite inhabitable. Dès qu'il s'habille de mots, il change, ou plutôt notre regard a changé. Nous ne sommes plus indifférents aux choses. Les choses s'habillent de lumière, elles sont habitées d'une invisible présence et nous deviennent familières. D'étranges et magiques, ces étrangères peuvent devenir des amies. Dans leurs différences, elles s'ouvrent pour enfanter autre chose qu'une idole. Du mirage des représentations, des images et des mots, elles nous conduisent sur d'autres rivages, au miracle de leur naissance invisible. Le visible porte l'invisible en son sein; il l'informe et le contient. „*L'homme fabrique des vases avec de l'argile, mais qu'est-ce qui en donne l'usage? Sinon le vide*", nous dit un proverbe chinois. « *Je suis le vase vide de Dieu, écrit Silésius, où il se répand. Il est ma mer et ce qui me contient.*" Le vide du fini est, en fait un plein d'infini. Ce vide des choses est créateur. Il est porteur d'une attente et fécond de l'infini. Le monde n'est plus alors, ni un piège ni une illusion, mais la sublime allusion d'un autre monde. Partir à la recherche des mots, des sons, des "notes qui s'aiment", comme le jeune Mozart, et trouver le langage des choses, le langage des oiseaux, c'est entrer dans le désert du vide et de l'informe d'un monde en genèse, celui de la Parole. Divine folie ou sagesse du Rien? Mais ce rien devient tout au-delà du rien, quand le voile du temple du réel se déchire. Le visible est « *un récipient vide où l'on peut cependant puiser, sans qu'il ait besoin d'être d'abord rempli. Il est sans fond, lui qui engendre toute chose en ce monde.*»[1] Les choses sont là, elles nous attendent en nous faisant signe. C'est nous qui ne sommes pas là, et qui sommes aveugles et sourds à leurs appels à venir de l'autre coté, dans l'invisible de leur présence.

Où la parole peut-elle naître, sinon là où elle prend sa source? En toi, dans le silence et la nuit, sur ce « *nuage d'inconnaissance* »[2] ou sur ces « *chemins qui ne mènent nulle part*[3] ». L'infini est caché sous chaque grain de sable. « *Ouvrir le Rien.*[4] » Mais ce lieu n'est pas un lieu, c'est le « *non-lieu de toute création.*[5] « *Silence, ce lac à la surface lisse et impénétrable dans les profondeurs duquel submergés, les mots attendent.*»[6] Le silence est la matrice de toute vraie présence, il est la divine origine de toute parole et la source d'où coule le fleuve des mots, des couleurs et des sons.

---

[1] *Le nuage d'inconnaissance*, traduit par Armel Guerne, Paris, Seuil/Points Sagesse, 1977

[2] Martin HEIDEGGER, *Chemins qui ne mène nulle part,* Paris, Gallimard, 1963

[3] Henri MALDINEY, *Ouvrir le rien, l'art nu,* Fougères, Encre Marine, 2000

[4] Henri MALDINEY, *Silence, parole, espace,* Lausanne, L'âge d'homme, 1973-1994

[5] Octavio PAZ (°1914+1998) à Mexico,

[6] Nicolas de CUSE, *Trois traités sur la docte ignorance et la coïncidence des opposés*, Paris, Cerf/Sagesses Chrétiennes, 1991

Ne me demandez pas non plus quand elle va naître? Je ne sais. *Docte ignorance* du main-tenant! *Coïncidence des opposés* quand le principe de non-tradiction est dépassé par le réel? Ou simplement accueillir la main tendue du visible et dire oui à l'invisible. Ouïr et jouir dans la nudité de l'instant, du présent de la présence. Répondre "oui" au sourire de l'être dans l'apparaître des choses. Car la parole n'est pas quelque chose, elle ne s'arrête pas aux mots et aux concepts, aux images ou aux symboles, elle est une indicible présence derrière le voile des choses. Elle est, dans le même temps, action vivante au coeur de la vie. Dans le deuxième livre de la *Docte ignorance*, Nicolas de Cuse pense la création comme une contraction de l'Être divin. Il fait entrer du vide dans l'être, ce qui permet la diversité des étants. On est ici tout près de la notion grecque de la loi des contraires et d'harmonie d'Héraclite d'Éphèse reprise par les stoïciens, et de la *"Voie de la vie ouverte"* dans le Taoïsme[1] en Chine, ou du principe d'harmonie à Bali ainsi que de la tradition juive du tsim-tsoum. *«Au-dessus de toutes les formes, ce qui voit sans voir, ce qui guide sans savoir, l'ignorance qui est la suprême connaissance.*[2] *»*

---

[1] François CHENG, *Cinq méditations sur la beauté*, p. 37
[2] Luc 6, 22

« Si ton œil est simple, tout ton corps sera dans la lumière [1]». « Ton oeil est la lampe de ton corps. Lorsque ton oeil est en bon état, tout ton corps est éclairé; mais lorsque ton oeil est en mauvais état, ton corps est dans les ténèbres[2].... Qui changent les ténèbres en lumière, et la lumière en ténèbres, qui changent l'amertume en douceur et la douceur en amertume! [3] » Si ton regard est vide de tout le déjà-vu ou rêvé, alors tout et même le « presque-rien » deviendra lumineux. La lumière de l'émerveillement est en germe dans nos regards. Elle est *« porté par ce vide, cette déchirure du rien qu'est l'éclair de l'être, que ces présences artistiques nous apparaissent alors en leur vérité, dans la nudité de la naissance.[4]»* Les mots les plus simples deviennent les plus lumineux. C'est par leur pauvreté qu'ils nous donnent la lumière ; c'est dans leur retrait qu'ils nous font une place, et que nos coeurs respirent et que nos esprits deviennent libres et créateurs ; c'est dans la nuit qu'ils dévoilent leur véritable lumière. Alors ces regards, qui nous semblaient morts, deviennent vivants. Ces notes, qui se perdaient dans le bruit du monde, retrouvent dans ce silence-sonore leur force, leur élan de vie et leur présence. Ces choses,

---

[1] Luc 11, 34-36
[2] Isaïe 5, 20
[3] Henri MALDINEY, *L'art éclair de l'être*, Comp'Act, 1993
[4] R. M. RILKE, *Propos sur le poète*, La Pleïade, p. 1025.

qui étaient limitées de tous côtés, éclatent à l'infini des regards et des lectures ; dans ces vides éclatés, elles deviennent présences sans limites, elles nous rendent présents à la Présence qu'elles dévoilent. Quand les mots s'effacent et que les regards s'éteignent, quand un grand silence enveloppe le mystère des choses, alors nous pouvons toucher et voir une parole lumineuse, en acte et en vérité. Admirable échange où les sons deviennent musique, où les couleurs sont lumière, où la parole et l'homme s'unissent, où matière et esprit se rencontrent sans confusion, ni mélange. De cette rencontre auprès du tombeau vide des choses jaillit la lumière.

Quand les prisons de nos regards et les tombeaux des mots s'ouvrent, quand les barbelés de nos représentations sont arrachés, quand les écrans et les voiles de nos esprits sont déchirés et que les regards en miroirs sont brisés, alors les regards simples, pauvres et nus se lèvent et, sans appui, marchent à travers les murs et illuminent le monde. Comme les vitraux d'une cathédrale de lumière, ils dansent les mille couleurs des choses. Sur la montagne vide, par delà la grâce des mots et la lourdeur des choses, les mots se font silence-sonore, ténèbres-lumineuses, absence-présence. Folie humaine ou sagesse divine? La sagesse, ici, est d'abord, docte ignorance et coïncidence des opposés. Comme disait Alain, connaître sa folie et l'accepter, c'est s'accepter non-sage et donc libre. C'est la douce folie des enfants, des artistes et des saints qui nous invitent à «vivre en poésie», accordés avec cet au-delà, qui se voile et se dévoile dans le silence des choses comme dans les secrets de nos histoires. Etty Hillesum,dans son Journal, rêvait de parvenir à une écriture aussi épurée, légère, que l'art des estampes japonaises ; elle voulait écrire avec « beaucoup d'espace autour de peu de mots », « tracer quelques mots sur un grand fond de silence ». Cette grâce du vide, de la suggestion subtile se trouve dans la poésie. Mais le silence, « l'espace inspiré » , le poète et le mystique le portent confusément au début, puis de façon de plus en plus lumineuse. Paul Claudel écrivait lui aussi: *«Pour transformer le monde, il n'est pas besoin pour toi de la pioche, de la hache et de la truelle et de l'épée. Mais il te suffit de le regarder seulement avec ces yeux de l'esprit qui voit et qui entend. »*[1] François Cheng[2] décrit admirablement

---

[1] François Cheng, *Cinq méditations sur la beauté*, Albin Michel, 2006, Le Livre de Poche, 2008, p. 45-89
et dans *Vide et plein dans le langage pictural chinois*, Points Essais, 1991
ou n
[2] François Cheng, *Cinq méditations sur la beauté*, Albin Michel, 2006, Le Livre de Poche, 2008, p. 53-54

cette expérience de l'attente et de l'avènement de l'oeuvre.« *Chacun a déjà vécu ce moment émouvant où, lors d'un spectacle ou d'un concert de haute qualité, tous les participants ont le visage transfiguré, tant il est vrai que la beauté attire la beauté. Ceci est conforme à ce que nous lisons chez Saint Augustin : la beauté résulte, à ses yeux, de la rencontre de l'intériorité d'un être et de la splendeur du cosmos, laquelle, pour lui, est le signe de la gloire de Dieu. Cette rencontre supprime, en quelque sorte, la séparation de l'intérieur et de l'extérieur. Si la beauté du monde forme un paysage, l'âme est elle aussi paysage.*[1]» La beauté comme la vérité accomplissent ce miracle de la transfiguration du cosmos dans la naissance du divin au coeur de l'expérience humaine.

L'art authentique opère ce miracle de nous ouvrir les yeux. „Il ne rend pas le visible, il rend visible[2]" l'invisible, le mystère. Il opère en nous cette transmutation du donné en don. Le sens d'un tel art n'est pas en lui-même, mais dans le don qu'il nous fait de nous-mêmes à nous-mêmes. Par delà tous les sens abandonnés en chemin, le sens du sens, c'est nous. C'est là le but ultime et le secret de l'art. Pourquoi l'art nous fascine et nous transforme. L'art nous appelle à venir, à advenir et

---

[1] W. Kandinsky, *Du spirituel dans l'art*, Paris, Point/Seuil, p. 203.
[2] Paul Klee

à devenir, il suscite notre présence en nous rendant présents. Les choses ne sont rien. L'important, c'est nous dans le "Ah!" partagé devant leur surgissement. Si le réel passe le réel, c'est parce que ce Réel, c'est nous dans notre présence au monde. Le Réel est ce "Nous" donné et abandonné. C'est dans cet écho entre les choses et nos présences rassemblées que se constitue la communauté du sens et ce lien qui fait corps et incarne le sens d'une époque et d'un lieu. L'art ainsi est lieu du passage et du partage. Il nous plonge dans ce "nuage d'inconnaissance", où nous communions ensemble au même éblouissement. C'est dans ce jeu qu'il nous introduit et dont l'enjeu est une communauté de "je" distincts et unis. Art et liturgie s'unissent alors pour ouvrir le sens de la vie. Ce jeu est manifestation de l'être ensemble. Ce qui ne cesse de venir à nous est toujours déjà là, et nous appelle à venir, il suscite et re-suscite notre être ensemble. Art eucharistique qui nous ouvre à l'unique présence d'un Réel par delà, mais au cœur de toutes nos représentations. Dans l'absolue nudité des sentiments, des figurations comme des abstractions, l'art est cet événement - avènement unique et personnel, de l'esprit au creux d'une matière, où surgit une lumière.

Kandinsky dans son livre, *Du spirituel dans l'art*, conclut que « *l'artiste est le Prêtre du Beau* »[1] ; il en est le prophète et le serviteur, et l'artiste est bien le « pontife » qui nous initie au mystère de la transcendance du beau et nous invite à passer, émerveillé, sur ce pont qui sépare et relie la terre et le ciel. « *C'est pourquoi l'Église, comme l'écrivait Paul VI, puis Jean-Paul II dans sa Lettre aux artistes, a besoin des saints, mais aussi des artistes, les uns et les autres sont les témoins de l'Esprit vivant (du Christ). Le monde a besoin de beauté pour ne pas sombrer dans la désespérance. Vous êtes les gardiens de la beauté du monde.* » Mais nous sommes aveugles à la merveilleuse fragilité de son surgissement. L'artiste, le scientifique, ou le spirituel est tout entier tourné vers cette fragilité de la beauté, de la vérité et de l'amour. Il est fasciné par fragilité de l'existence. L'art est toujours inespéré et inattendu. Il n'est jamais une prise, mais une déprise avant de devenir une surprise. Les poètes, comme les mystiques, ne sont compris qu'une fois qu'ils sont morts, car leur innocence insulte les vivants. Loin des discours, leur oeuvre est le fruit d'une vision, de fulgurations. Leur présence illumine le monde d'un jour nouveau. Leur vision renverse les

---

[1] DOSTOÏEVSKI, *L'Idiot*, Paris, Gallimard, Folio, 2001, 3ème partie, chapitre I

perspectives et réconcilie les contraires. Leur message, loin de l'objectivité ou de la subjectivité qui chosifient ou relativisent tout, est plus de l'ordre du silence, de la rencontre et de la lumière qui transfigure. L'art est inutile, mais il est essentiel. Il nous porte au-delà de nous-mêmes vers un Autre. Il nous façonne en nous plongeant dans un abîme qu'il ouvre en nous et ainsi nous sauve de nous-même en nous transformant. Dostoïevski dans *l'Idiot* fait dire au prince Michtine : «*La beauté sauvera le monde* »[1]; « *l'art en est un instrument* », poursuivra Serge Boulgakov, car il nous guérit de nos peurs et nous réconcilie avec la création. L'art, la science et l'amour sont des instruments de salut. Car ils découvrent le monde à la lumière de la Transfiguration. Ils ouvrent le monde sur le non-vu, sur l'inconnu. Ils ouvrent sur le mystère et nous conduisent sur le chemin de l'infini. Ils sont des instruments de salut, parce qu'ils nous conduisent sur des chemins de guérison, de méditation, de purification, d'illumination et d'union au créateur à travers la création. Ils deviennent ainsi des sacrements, car ils sont des dons de Dieu aux hommes. Ils sont instruments parce qu'ils nous rendent visibles l'invisible, parce qu'ils nous

---

[1] CEZANNE Paul

éduquent le regard et l'écoute pour voir et entendre ce divin dans la transparence du monde. La beauté comme la vérité et l'amour n'ont peut être pas encore sauvé le monde, mais ils ont sauvé notre capacité d'étonnement et d'émerveillement. S'ils n'ont pas encore révélé ce divin à tout le monde, ils en auront mis certains sur le chemin et permis de pressentir l'interrogation supliante et émerveillée de Dieu devant l'homme et des hommes face au mystère divin. La parole vivante, celle que cherchent dans la nuit les amants, les artistes comme les scientifiques, n'est autre que ce verbe, lien entre l'humain et le divin. Nicolas Berdiaev propose d'intéressants développements sur ce sujet : « *Les rapports entre le salut et l'acte créateur, le rôle de l'acte créateur dans la vie spirituelle posent des questions fondamentales dont dépendent l'avenir de la spiritualité dans le monde et la possibilité d'une nouvelle spiritualité. L'amour chrétien doit être compris comme la manifestation suprême de l'acte créateur dans la vie, comme la création d'une vie nouvelle.*» «*L'art est une création transfiguratrice, non certes une transfiguration réelle, mais l'annonce de cette transfiguration. La beauté d'une danse, d'une symphonie, d'un poème, d'un tableau entrera dans la vie éternelle. L'art n'est pas passif ; il est, au contraire, actif et, comme tel théurgique.*» Dieu attend avec impatience les résultats de notre créativité, car il «*veut de moi un acte de création libre*». La créativité est notre devoir face à Dieu. Selon Berdiaev, « *il est impératif de se rappeler que la créativité de l'homme n'est pas un droit ou une exigence de notre part, mais un appel et une exigence de la part de Dieu à notre égard. Dieu attend l'acte créateur de l'homme, qui est une réponse à l'acte créateur divin.*» Si la beauté peut sauver l'homme et avec lui tout l'univers, c'est parce qu'elle donne la joie et la paix intérieure. La beauté libère les énergies créatrices et unifie les coeurs. Elle nous ramène à notre divine origine : là réside l'expression suprême du salut, de la guérison de notre regard sur le monde et de la victoire sur tous les dualismes. La beauté, l'amour et la vérité nous permettent d'oublier la douleur pour reposer dans la joie. Comme le dit Simone Weil la beauté est „*l'éternité ici-bas*". Mais cette beauté est fragile, "*éphémère*". Pourquoi, alors, la beauté, l'amour ou la vérité peuvent-ils être célestes ou infernales? Le mal est l'usage pervers que nous en faisons.

„*Sans la beauté, la vie ne vaut pas d'être vécue.*[1]" Ainsi l'art, rassemblant tous les hommes, les unit au divin par l'esprit. Á travers la matière

---

[1] Marcel Proust,

spiritualisée par l'homme dans le rayon de la divine beauté, les hommes communient au mystère l'Être, qui est "être avec", "être ensemble", rassemblé par la Beauté, l'Amour ou la Vérité. Ils sont les éclats du mystère du Verbe, et des médiations entre l'humain et le divin. L'artiste, l'amoureux et le scientifique ne sont déjà plus totalement de ce monde, ils sont en chemin attirés par cette lumière invisible. Ils sont aspirés par le mystère de l'union du divin et de l'humain. La recherche de la vérité comme l'amour ne sont pas simplement imitation de la nature comme pour Platon, ni la recherche orgueilleuse de soi et du surhomme nietzschéen. La vérité nous sauvera du mensonge, l'amour de la haine et la beauté du désespoir face à la souffrance des innocents. Tout ce visible est rempli d'un invisible élevé à l'état de mystère. L'art comme la science ou l'amour ne rendent pas le visible, ils rendent visible. Quoi? la beauté, l'amour et la vérité du divin dans l'humain, au coeur de la matière transfigurée par la lumière. Ils rendent visible l'invisible. Le fini dans l'art devient capable de l'infini. Le destin de la science comme de l'amour est dévoilement de l'être, avènement de la Vérité et de l'Amour, union entre l'intériorité humaine et la transcendance divine.

Notre Dame de Clausis, Queyras, aquarelle de François Darbois

Postface : L'art du rien qui change tout

Et si l'art du rien, à l'école de tous les ravis de nos crèches de Provençe, d'Europe, d'Afrique, d'Asie ou d'Amérique, était simplement l'art de s'émerveiller de la naissance entre nous de ce mystèrieux divin dans l'humain? Pourquoi les choses et les êtres nous regardent? Pourquoi leur beauté nous appelle et nous effraie à la fois? N'attendent-elles pas une réponse? Un jugement ou une louange, ou plus simplement un regard, un silence admiratif? N'est-ce pas encore et toujours, une question sans réponse, une parole qui attend simplement de naître en nous? Comme disait Cézanne : « *Il y a devant nous un grand être de lumière et d'amour.*» Nos yeux restent fermés tant que l'amour ne les ouvre pas. Un mystère se cache ici-maintenant sous les apparences. Il n'est pas du domaine des croyances, mais une évidence pour ceux qui savent être attentif, regarder et écouter le silence des choses. Tous les peintres, les musiciens, les écrivains et les poètes ont traqué la nature secrète de leur art : « *saisir la sensation à sa source impalpable.*» Cet état inconnu, qui n'apportait aucune preuve logique, mais l'évidence de sa réalité. Voir l'autre monde, celui de Cézanne par exemple, ce n'est pas fuir dans un autre monde, mais entrer dedans et prendre sa distance par rapport à soi-même et à sa propre culture, pour voir ce monde à la lumière d'un Autre. C'est revêtir les choses de beauté et leur donner un visage. C'est fraterniser avec elle et le Poverello d'Assise quand il chante son *Cantique du frère Soleil*. Alors tu peux dire, avec Le Clézio, que *"tu as quitté un monde et que tu n'en as pas trouvé d'autres"*. Tu es parti, et tu n'es pas encore arrivé sur l'autre rive. Tu n'as pas quitté ce monde, simplement tu le vois autrement. Tu le vois, non plus comme un mur, mais comme un vitrail, en transparence. Tu le vois comme le berceau d'une invisible présence.

Jean de la Croix regarde le monde avec le regard émerveillé du Verbe divin. « *En répandant mille grâces, il a passé par ces bocages et les parcourant du regard, par son seul Visage, il les a laissés revêtus de beauté.[1]* » Dans ce monde, dans les souffrances et tous les enfers humains, il cherche les traces du regard divin. Ainsi ce monde est magnifié parce que le Christ l'a regardé. Jean de la Croix l'aime parce qu'il y a croisé le regard de Dieu. Angelus Silésius écrivait : « *Tu vas au bout du monde, si tu n'as*

pas croisé le regard de Dieu, tu n'as rien vu.[1] » Dieu?
Mais de quel Dieu parlons-nous? Du dieu extérieur
et solitaire, ou de cette mytérieuse présence dans
l'entre nous. Ce divin se manifeste comme une
expérience intérieure à la fois plurielle et singulière
dans la clairière de l'être. « *La clairière est prisonnière,
cernée de près par la forêt, et pourtant les troncs
s'éloignent à l'appel des plaines et des collines. Les
feuilles fuient loin du centre, loin de ce vide où la paix
trouve son origine dans le rien de la lumière*[2].» L'amour,
la vérité comme la beauté jaillissent toujours de la
même source : le silence, le vide d'où jaillit l'être
avec, le divin dans nos vies partagées. Ce vide est
rempli des énergies divines. Laissons nous remplir
par ce vide. Il est, comme la rose : « *sans pourquoi,*
écrivait Angélus Silésius, « *elle fleurit. Nul ne sait
comment* [3]» Paul Claudel décrit ce surgissement de
la transcendance: «*Tandis que les autres se
consacraient, pour en venir à bout, au plus proche et au
plus tangible, lui, par sa voix, maintenait le lien avec le*

[1] Angélus Silésius, *L'errant chérubinique*, Arfuyen, 1990 et traduit de l'allemand et préface de Maël Renouard, Rivages poche/Petite Bibliothèque, 2004
[2] Jean Mambrino, *Clairière, poèmes*, Paris, DDB, 1974
[3] Angélus Silésius, *L'errant Chérubinique*, Arfuyen, 1990 et traduit de l'allemand et préface de Maël Renouard, Rivages poche/Petite Bibliothèque, 2004

plus lointain et nous y rattachait jusqu'à ce que nous fussions entraînés. » [1]

Éléments de bibliographie

- « Figures du Vide », in *Nouvelle revue de Psychanalyse*, n°II, Paris, Gallimard, printemps 1975, (collectif)
- « Le vide, expérience spirituelle en Occident et en Orient », in *Hermès*, Nouvelle série n°2, 1981, (collectif)
- « L'admiration », dans *Autrement*, n° 26, 1999/2. (Collectif)
- « L'admiration », dans *Christus*, n° 167, 1995/7. (Collectif)
- « L'art pour quoi faire, à l'école, dans nos vies, une étincelle », dans *Autrement*, n°195, 2000/9. (Collectif)
- « L'art, la foi et les œuvres », dans *Lumière et vie*, n° 203, 1991 (collectif)
- « La traversée des images, Regarder autrement », dans *Christus*, n° 181, 1999/1.
- « Le Silence, la force du vide », *Autrement*, n°185, avril 1999, (collectif)
- « L'art, pourquoi faire ? », *Autrement*, n°195, 2000, (collectif)
- BELTZUNG ALAIN, *Le traité du regard*, in Albin Michel, Question de, n°112
- CHENG FRANÇOIS, *Vide et plein, le langage pictural chinois*, Paris, Seuil, Point n° 224, 1991.
- CHENG FRANÇOIS, *Cinq méditations sur la beauté*, Albin Michel/Livre de Poche, 2006-2008
- CHENG FRANÇOIS, *Cinq méditations sur la mort*, Albin Michel/Livre de Poche, 2006-2008
- CHRÉTIEN JEAN-LOUIS, *L'effroi du beau*, Paris, Cerf, 1987.
- CLAUDEL PAUL, *Cinq grandes odes*, Paris, Gallimard, 1923, p. 131.
- DARBOIS FRANÇOIS, *La naissance de Dieu dans l'homme*, BoD, 2021, en 3 tomes, I. Oraison sur la vie, II. L'homme en question, III. la question du divin
- DARBOIS FRANÇOIS, « L'inespéré et l'inattendu », *in Autre Sud*, décembre 2002, n°19, p.100-110
- DARBOIS FRANÇOIS, « S'émerveiller un pont entre art et spiritualité », Revue du Carmel, 2004

[1] Paul Claudel, *Cinq grandes Odes*, Paris, Gallimard, 1923, p. 131.

- HEIDEGGER MARTIN, *Les chemins qui ne mènent nulle part*, Paris, Gallimard, 1962
- HERSCH JEAN, *L'étonnement philosophique*, Paris, Folio/Essais, 1981,
- HUYGUE RENÉ, *L'art et l'âme*, Paris, Flammarion, 1960.
- JANKÉLÉVITCH Vladimir, *Le Je-ne-sais-quoi et le Presque-rien* tome I et II, Paris, Point/ Seuil, 1980
- JEAN-PAUL II, *L'art et son message*, Paris, Le Sarment/Fayard, 1993.
- JEAN-PAUL II, *Lettres aux artistes*, DC 2204, Vatican, 1999, p. 451-458.
- KANDINSKY W., *Du spirituel dans l'art*, Paris, Point/ Seuil,
- LAO TSEU, *Tao Té King*, chap. 4, Paris, Idées/Gallimard, 1967.
- MALDINEY HENRI, *Regard, Parole, Espace*, Lausanne, , L'âge d'Homme, 1973.
- MALDINEY HENRI, *L'art, éclair de l'être*, Comp'Act, 1993.
- MALDINEY HENRI, *L'art nu, ouvrir le rien*, Encre Marine, 2000.
- MARION JEAN LUC, *À la croisée du visible*, Paris, PUF, 1996.
- NANCY JEAN-LUC, *Être singulier pluriel*, Paris, Galilée, 1996
- NANCY JEAN-LUC, *Le regard du portrait*, Paris, Galilée, 2000
- ONIMUS JEAN, *Etrangeté de l'art*, PUF, 1992.
- ONIMUS JEAN, *L'émerveillement*, PUF, 1990,
- ONIMUS JEAN, *La béance du divin*, PUF, 1994, 222p.
- PASCAL BLAISE, *Pensées*, Folio Classique, 2004, 444p.
- PASCAL BLAISE, *Œuvres complètes* Kindle, Arvensa éd., Traité du vide
- RILKE REINER MARIA, *Les Carnets de Malte Laurids Brigge*, Paris, Gallimard, Pleiade, 1993.
- ROUET ALBERT, *Art et Liturgie*, Paris, DDB, 1992.
- SABLÉ ÉRIC, *Petit manuel d'émerveillement*, Paris, Dervy Livres, 2004
- STEINER GEORGE, *Dix raisons possibles à la tristesse*, Paris, Albin Michel, 2005
- TRIAN XUAN THAN, *Désir d'infini*, Folio Essais, 2014
- TRIAN XUAN THAN, *La plénitude du Vide, Paris,* Albin Michel, 2016
- THOREAU HENRY DAVID, *Je vivais seul dans les bois*, Folio2, n°4754, traduit de l'américain par Louis Fabulet, Gallimard, 1992, *Walden ou la vie dans les bois*, L'imaginaire, n°229
- VERGELY BERTRAND, *Retour à l'émerveillement*, Albin Michel, 2017, 327p.
- WEIL SIMONE, « La Beauté », in *Leçons de philosophie*, chapitre IX, Paris,
- WEIL SIMONE, *La pesanteur et la grâce,*

Á l'école du ravi

Table des matières

Préface..3
Introduction..5
La stupéfaction du « voir » 15
La peur du vide ou le « non voir ». 23
« s'abîmer dans le non voir »........................27
L'attente: … un appel à venir 39
Revoir intérieurement....................................49
Le berceau du regard 53
Postface : L'art du rien qui change tout........71
Éléments de bibliographie 74
Table des matières...76